AF312525

DON JUAN
DE MARANA

OU

LA CHUTE D'UN ANGE,

DRAME EN DIX TABLEAUX,

RACONTÉ PAR

ROBERT MACAIRE

ET BERTRAND;

PAR

L'AUTEUR DES PARODIES DE MARIE-TUDOR, D'ANGÈLE,
DES MAL-CONTENTS, D'ANGELO, etc.

..... d'où je conclus, le diable m'emporte
et Dieu me pardonne ! que Satan fait la queue
au Père Éternel..... *(Bertrand.)*

PRIX : 75 CENT.

PARIS,

BEZOU, LIBRAIRE,

RUE MESLAY, Nº 34, ET BOULEVART SAINT-MARTIN, Nº 29.

1836.

IMPRIMERIE DE Vᵉ DONDEY-DUPRÉ,

Rue Saint-Louis, nᵒ 46, au Marais.

SCÈNE A LA PORTE.

Vous connaissez, lecteurs, cette rue de Bondy à laquelle le théâtre dit de la Porte-Saint-Martin vient disputer quinze pieds de la voie publique, ce qui fait à la fois, de cet étroit passage, un des plus malpropres et des plus vilains endroits de la capitale.

C'est là pourtant, comme vous le savez par expérience, sans doute, que le peuple est obligé de se ruer à chacune des représentations nouvelles, à l'occasion desquelles le directeur, M. Harel, met en réquisition ce que la garde municipale compte de plus robuste tant à pied qu'à cheval, sous prétexte de faire faire la police extérieure; mais par le fait afin de rudoyer, refouler, étouffer même, s'il est nécessaire aux intérêts du drame nouveau, ce bon peuple parisien, arrivé à ce point de dédaigner un plaisir s'il ne lui est disputé.

Désireux de connaître l'œuvre nouvelle de M. Alexandre Dumas, force me fut de me jeter dans cette foule d'autant plus remuante, d'autant plus impatiente, qu'il s'agissait pour elle d'une première représentation. Au milieu de ces fluctuations permanentes, il me fallut disputer ma place aux amateurs en retard et aux omnibus, qui, au mot de *complet*, viennent ajouter à l'encombrement naturel du cloaque nommé rue de Bondy.

Mon voisin de droite, auquel j'avais d'abord fort peu fait attention, m'adressait une multitude de questions auxquelles j'avais jusqu'alors répondu par des monosyllabes; enfin il vint à me demander si je tenais mon billet de l'auteur ou de l'administration.

Ne sachant que répondre à cette intempestive question, j'exhibai mon billet.

— Bien, bien, dit-il, billet d'auteur: il est ma foi pour deux personnes! et vous êtes seul?... à ce qu'il me semble...

— Effectivement.

— Dis donc, Bertrand (ces paroles étaient adressées à mon voisin de gauche), voilà qui est chanceux, monsieur te fera entrer avec lui.

— *Farineux! chouettemann!!* dit Bertrand.

Ce sans-façon éveilla ma curiosité, et je hasardai, sans trop d'affectation pourtant, de jeter les yeux sur celui qui disposait si cavalièrement, et sans mon agrément, de la moitié de mon billet.

Les traits de mon voisin de droite étaient railleurs, cyniques, mais distingués ; il y avait du Méphistophélès dans son regard. Sa toilette était un composé des choses les plus disparates ; on y rencontrait du luxe et de la misère, du blanc et du sale ; au milieu de tout cela se faisait remarquer un débraillé affecté, une souplesse gracieuse dans les mouvemens, des expressions distinguées, un ton de mauvaise compagnie ; en somme il était difficile de préciser à quelle classe de la société se rattachait cet individu. Désespérant d'y parvenir, mes yeux se reposèrent sur le voisin de ma gauche : mon étonnement fut sans égal en apercevant la figure la plus ignoble qu'on puisse imaginer. Je ne dirai rien de la toilette, qui semblait avoir été disputée aux guenilles du Temple : tout était gras chez cet homme, depuis sa chaussure qui suintait l'huile, jusqu'à ses cheveux roux sur lesquels on avait prodigué la pommade sans la participation du démêloir.

Par quel sens, me dis-je, ces deux individus peuvent-ils s'être liés ? J'allais à ce sujet me livrer à de profondes réflexions ; mais bientôt mon attention prit une nouvelle direction.

— Bertrand, dit mon voisin de droite, en aspirant une prise de tabac avec une bruyante sensualité, va faire remplir ma boîte.

— Déjà ! reprit Bertrand, c'est la troisième fois depuis ce matin !

— C'est possible, mais c'est comme cela.

— Excusez ! trois onces par jour ! plus qu'ça de tabac !...

— Allons, trève à tes sottes réflexions.

— Et ma place, à moi, que deviendra-t-elle ?...

— Monsieur te la gardera. Et je me trouvai encore une fois à la discrétion de mes voisins.

Bertrand fut de retour en peu d'instans, et le garde municipal, sourd à ses réclamations, ne voulait pas lui laisser reprendre la place qu'il occupait près de moi, ce que je fis remarquer à mon voisin de droite.

— Laissez faire, me dit-il sans s'émouvoir, si le municipal s'écarte de la ligne, il aura affaire à moi.

— C'est dégoûtant ! disait Bertrand, d'un ton plus goguenard que piteux, un paisible citoyen ne pourra-t-il jouir de ses droits, aller, venir si bon lui semble ?

(3)

— Est-ce que j'écoute les citoyens bâtis comme vous ? reprenait le municipal en levant les épaules.

La figure de mon voisin de droite s'épanouissait de satisfaction, et pourtant il gardait le silence.

Les récriminations de Bertrand continuaient, mais toujours aussi infructueusement.

— Connu, connu, disait le municipal, vous me montez des couleurs !

— Il ne suffit pas de connaître les couleurs, municipal, faut savoir distinguer la bonne, reprenait Bertrand d'un ton câlin.

— Allons, assez causé, je sais qui que vous êtes.

— Eh bien ! qui que je suis, malin ? voyons si vous avez du nez.

— Vous ! vous êtes un marchand de places et pas autre chose, *voilà !*

— Vous, municipal, vous raisonnez comme un camard, et *voilà* !

— Insolent ! dit le municipal en mettant la main sur Bertrand.

— Tout doux, tout doux ! municipal, dit mon voisin de droite, se dépouillant de son impassibilité ; de quoi vous plaignez-vous ? que vous a-t-on dit ? que vous a-t-on fait ? pour vous enlever comme une soupe au lait...

— Monsieur, dit le municipal, qui tenait toujours Bertrand au collet, monsieur m'a appelé canard !...

— Vous êtes absurde, municipal ! c'est camard qu'il a dit.

— C'est canard...

— C'est camard, et si vous persistez, municipal, vous finirez par mériter l'épithète.

— Épithète vous-même ! reprit le municipal de plus en plus irrité.

— Grossier substantif que vous faites ! Mais j'admets que mon ami vous ait appelé canard, après tout ce n'est qu'une erreur que je vais rectifier avec ou sans votre permission, et cela dit, mon voisin de droite prit le ton déclamatoire.

« Messieurs ! dit-il à la foule,

» Nous devons au célèbre Cuvier une merveilleuse classification du règne animal, classification qui seule suffirait pour immortaliser à jamais son auteur, si d'ailleurs d'autres travaux scientifiques n'ajoutaient à l'éclat illustre de ce grand nom.

» Qu'il me soit donc permis, à moi, sincère admirateur de ce régénérateur de la science, de relever une de ses erreurs ; vous le savez, messieurs,

Errare humanum est,

dit l'axiôme latin.

» Au milieu des profondes investigations de Cuvier, un animal s'est constamment soustrait à ses savantes élaborations. En effet, soit que vous compulsiez ses nombreux écrits, soit que vous parcouriez la riche collection dont sa munificence a doté le cabinet d'histoire naturelle, c'est en vain que vous chercheriez un mot, un vestige du gendarme, d'où je conclus qu'ici il y a lacune manifeste.

» Il est de la bonne foi de convenir, messieurs, que l'embarras de Cuvier dut être grand quand, pour la première fois, s'offrit à sa vue le gendarme : on conçoit que d'abord il ait pu le considérer comme un anti-déluvien ; mais à défaut du véritable type, il avait sous les yeux le municipal et le sergent de ville, qui sont des sous-genres, et dans lesquels on rencontre les mœurs et les habitudes du gendarme.

» Il est tems, messieurs, de rendre au règne animal, auquel elle appartient, cette espèce qui revendique vainement la qualité d'homme, parce qu'elle peut se tenir et mouvoir sur deux pieds.

Vanitas vanitatum et omnia vanitas !

» Il est de notre dignité, messieurs, il est de notre honneur, de contester à ces bipèdes le titre auquel ils aspirent ; car si Dieu fit l'homme à son image, il n'a jamais prétendu, soyez-en certains, ressembler à un gendarme. Or donc, je propose une collecte pour faire empailler l'hirondelle de la Préfecture, ici présente, afin d'en faire hommage au cabinet d'histoire naturelle. »

Un houra unanime accueillit ce discours improvisé, qui fit rire tout le monde, le municipal excepté.

— En attendant, je suis *fumé*, dit Bertrand.

— Bast ! un rien t'embarrasse, reprit l'apologiste de Cuvier ; si le municipal tient absolument à avoir un échantillon de ta redingote, ce qui prouve en faveur de son bon goût, que ne lui donnes-tu ?

— Approuvé ! dit Bertrand. Et celui-ci tire de sa poche

une paire de ciseaux, profite d'une distraction du municipal, coupe le revers de sa redingote, et s'en vient auprès de moi ; le municipal, toujours le bras tendu, le poing fermé, tenait ce fragment d'habit, tout aussi fier que le fut Jason après avoir capturé la toison d'or.

Il était tems, les portes s'ouvraient, et la foule furieuse se précipita vers l'entrée. Mes deux voisins me prirent par le bras, et, tout en criant sur l'inconvenance de pousser, ils s'agitèrent comme des énergumènes, se frayèrent un passage à travers tous les obstacles, et entrèrent des premiers.

Bertrand, qui m'avait été imposé, partagea mon billet; et mon voisin de droite, me quittant le bras, passa fièrement devant le contrôle, sans tenir compte des *monsieur ! monsieur ! votre billet ! votre billet !*

Mon voisin de gauche rit beaucoup de cette gentillesse, et me dit :

— Il est impossible d'avoir plus d'aplomb que ce gaillard-là !

Tout en trouvant la plaisanterie de fort mauvais ton, je fus obligé, le parterre étant encombré, de prendre, bon gré mal gré, la place que m'offrirent mes nouvelles connaissances; d'ailleurs il était décidé que nous ne devions pas nous quitter de la nuit.

— Il y a ici des femmes délicieuses, dit mon voisin de droite, en promenant un regard lascif sur les stalles. Votre lorgnette, me dit-il, car j'ai eu la gaucherie d'oublier mes jumelles.

— Oui, elles sont un peu délicieuses, dit Bertrand en passant les pouces de ses grosses mains dans les entournures de son gilet, et en se dandinant sur les orteils.

— Dis donc, Bertrand, tu n'as pas mes jumelles sur toi?

— Non; mais j'ai les miennes, dit-il en remettant une boîte de maroquin.

— Peste ! Bertrand, vous ne vous refusez rien ! qui vous a donné ce bijou, petit fashionable ?

— Qui qui me l'a donné? c'est moi que je me suis fait cette surprise.

— Je t'en fais mon compliment.

Les jumelles de Bertrand nous servirent pendant toute la durée du spectacle. La pièce jouée, nous nous acheminions vers la porte de sortie, quand une nuée de sergens de ville nous barra le passage et nous fit entrer au bureau de police.

Je ne sais quelles furent les réflexions de mes voisins ; quant à moi, la dispute de Bertrand me revint à l'esprit.

— Lequel des trois vous a dérobé vos lunettes ? dit l'officier de police en s'adressant à un monsieur décoré qui vint nous regarder sous le nez.

— Lequel ? reprit-il, je l'ignore ; mais ce qui est positif, c'est que tous trois se sont effrontément servis de mes lunettes pendant toute la représentation.

— Sergens, fouillez ces drôles !

Et les sergens nous tombèrent sur les poches ; Bertrand recélait les malencontreuses jumelles.

— Conduisez ces lurons à la Préfecture, dit l'officier.

Je voulus réclamer ; ce fut en vain, on ne m'écouta pas ; et, conduit sous escorte, je fus jeté dans la salle Saint-Martin. Notre arrivée fut saluée par des vociférations et des hurlemens.

Le calme à peu près rétabli, un ambassadeur en casquette de loutre vint nous reconnaître ; sa figure satanique me révélait quelque mauvais dessein. Mais, après avoir envisagé mes deux collègues, il porta respectueusement la main à sa casquette, et murmura à voix basse : Robert Macaire ! Bertrand ! Et, d'un ton plus élevé, il reprit : — C'est vous, mes maîtres ! comment vous trouvez-vous ici ?

— Voici le fait, dit Bertrand, qui semblait être là dans sa sphère. Mon ami et moi nous avons été au spectaqne de la Porte-Saint-Martin. Je ne sais comment ça s'est fait, mais il faut supposer que, croyant fouiller dans ma *profonde*, j'ai fouillé dans celle d'un voisin. Mon intention était de prendre mon mouchoir de poche, je tire des jumelles ! A qui diable voulez-vous que j'les rende dans une foule comme ça ? Fallait donc crier : A qui les jumelles ? qu'est-ce qu'a perdu des jumelles ? C'est mauvais genre ; j'n'aime pas le bruit ; et puis d'ailleurs nous n'avions pas d'tems à perdre. Je prête les jumelles à mon ami, qu'avait oublié les siennes, le *floué* reconnaît l'bijou, on nous fume, et voilà !

— De sorte que vous n'avez pas vu la pièce ? dit l'ambassadeur.

— Bah ! pourquoi donc c't'injustice ?

— En c'cas, faut nous la raconter.

— Ça va. J'fais une chique, mes p'tits amours, et Robert va vous conter l'histoire.

Chacun fit cercle autour de nous, et Robert-Macaire commença en ces termes :

DON JUAN

DE MARANA.

PREMIER TABLEAU.

La scène se passe dans un appartement où vous voyez un tableau représentant saint Michel terrassant le démon, vous êtes tout étonné d'entendre Satan qui dit à saint Michel : Ah ça ! Michel, est-ce que ça ne vous embête pas d'avoir, depuis des siècles, les pieds sur moi comme sur une chaufferette ? pour mon compte, ça commence à m'écœurer...

Michel, qui est plus entêté qu'un défunt gendarme, lui dit : Mon vieux, désolé ! mais j'ai reçu des ordres de là-haut, et je ne connais que ma consigne. Tu as fait des farces aux Marana, voilà pourquoi tu es *fumé* (1). Qu'un Marana commette un crime, alors les arrêts seront levés, et tu pourras *t'esbigner* (2).

Prenons patience, dit Satan, car ça ne peut pas tarder.

On entend rire dans la pièce à côté : c'est don Juan de Marana qui fait la noce avec des connaissances. Il arrive en faisant le *pallas* (3) ; il fait son gros auprès des femmes ; il donne un château à l'une, un poignard à l'autre, et vous les chauffe à faire monter le thermomètre de zéro à Sénégal. Alors vient un domestique, qui dit à la société : Ne vous dérangez pas, continuez vos orgies : ne faites pas attention, c'est rien ; je vas chercher un moine pour le *dabe* (4) Marana qui rend le dernier soupir.....

(1) Être en prison. (2) Te sauver. (3) Se pavaner. (4) Père.

Excusez, que dit la société à don Juan, votre père se meurt, nous nous retirons. Et là-dessus ils jouent des *fumerons* (1).

Don Juan, resté seul, se dit : Voyons un peu que j'examine mon affaire pendant qu'il n'y a personne : j'ai un frère qui est venu au monde avant moi, il se trouve être mon aîné ; cette place-là m'irait, il faudra que je lui demande s'il aime les lentilles, ce gaillard-là, et je lui en servirai un plat de ma façon.

Arrive le moine : don Juan lui tire des carottes ; mais le moine, qui est retors comme du fil en quatre, s'aperçoit de la couleur et lui répond qu'il ne sait pas ce que le père Marana se propose de faire en faveur de ses fils ; puis il entre dans la chambre du moribond.

Prends garde, moine, que dit don Juan ; tu joues un jeu à perdre ta *baigneuse* (2)!

Don Juan regarde dans la chambre de son père, pour savoir de quoi il retourne. Ah ! dit-il, le moine lui parle, il tire un papier de son sein, il prend une plume, il veut faire signer mon père. Don Juan entre dans la chambre comme un furieux, et le moine est *fourlouré* (3).

Pendant ce tems, saint Michel remonte au ciel, et Satan retourne au coin de son feu.

J'ai, dit don Juan en rentrant, le papier ; il n'y a pas de signature. Il était tems... le moine voulait me *flouer* (4) la succession. Tiens! qu'il ajoute en levant les yeux sur le tableau, il n'y a plus d'ange! où diable est-il? Est-ce que le cancan que l'on débite sur la famille serait vrai? est-ce que nous avons un bon et un mauvais ange? Il s'assied et réfléchit.

Arrive le bon ange par la *vanterne* (5), et le mauvais ange par la *lourde* (6), tous deux sont la conscience de don Juan.

Le bon ange, qui n'est autre que le municipal saint Michel, dit à don Juan : Ah ça! il paraît que nous avons fait des bêtises? nous avons tué un moine, mon ancien !

Eh bien! ma pratique, reprend le mauvais ange, nous fai-

---

(1) Jambes. (2) Tête. (3) Tué. (4) Voler. (5) Fenêtre. (6) Porte.

sons nos farces , et nous avons raison ; il faut s'amuser icibas ; et plutôt que de tirer le diable par la queue, devenons riche à tout prix , et menons une existence flambante !

Les deux anges se retirent comme ils sont venus.

Va comme il est dit ! au bout le bout ! dit don Juan.

Arrive don Josès. Don Juan l'embrasse, lui donne une poignée de main et lui offre un coup à boire.

C'est pas de refus, que dit don Josès.

Don Juan lui demande des nouvelles de sa maîtresse, la belle Térésina. Tu es bien bon, que lui dit don Josès ; mais je veux voir notre père qui est au lit.

Tu as bien le tems, que reprend don Juan ; la foire n'est pas sur le pont ; casse une croûte d'abord , et puis tu iras lui serrer les os de ta tête...

Comme don Josès va pour manger un morceau, le vieux Marana, qui n'est pas défunt, appelle don Josès.

Présent ! que dit don Josès en se rendant auprès du lit de son père.

Oui, va le voir, que dit don Juan ; tu auras son dernier soupir et sa bénédiction pour héritage ; mais tu n'auras pas un fichtre avec. Il appelle un valet et lui dit : Si quelqu'un ici se prétend être un Marana, il en a menti, entends-tu?

RÉFLEXIONS.

BERTRAND.

En voilà une de sévère ! un tableau qui bavarde : c'est un peu fort de café ! et puis saint Michel, qui doit être un homme, et qui a du ragoût de poitrine comme une nourrice !

ROBERT MACAIRE.

Imbécille ! les anges n'ont pas de sexe !..

BERTRAND.

Ils n'ont pas de sexe, c'est possible ; de sorte qu'un ange qui voyage en diligence ne peut occuper qu'une place de coupé.

ROBERT MACAIRE.

Bravo ! Bertrand ! encore un pareil jeu de mots, et je te fais recevoir membre de l'Institut, classe des calembourgs et des vaudevilles !

DEUXIÈME TABLEAU.

Encore un château appartenant aux Marana. Il faut que ces gaillards-là aient hérité du marquis de Carabas! tout leur appartient. Vous voyez Térésina, la maîtresse de don Josès, qui s'amuse à bâiller tout en lisant *Télémaque.*

Paquita, sa suivante, lit aussi. Tiens! qu'elle dit, voilà qui est drôle! les éventails parlent. Ils disent à l'amoureux transi qui nous ennuie : Laissez-moi donc tranquille! allons, assez causé, je ne vous sens pas ; mais à l'amoureux qui nous convient, l'éventail dit : Le *dardant* (1) m'entortille; ne craignez pas, présentez-vous tête levée, et vous serez reçu à bras ouverts...

—Tu m'y fais songer. dit Térésina, j'ai perdu mon éventail.

—Vous l'avez perdu, tant mieux! parce que quand une jolie fille perd quelque chose , c'est toujours un beau et noble cavalier qui met la main dessus.

Au même instant on entend une sérénade.

— Voilà votre éventail qui revient , dit Paquita.

—Pas de bêtises, Paquita , pourquoi ouvrez-vous cette fenêtre ?

— C'est pour respirer et entendre l'air.

On frappe à la porte de l'appartement, faute de portier sans doute.

—Qui êtes-vous ? que voulez-vous ? dit Paquita qui ne reculerait pas devant une couleuvrine.

— Je suis le valet de mon maître, répond une voix du dehors, ce noble seigneur désire parler en particulier à la belle Térésina et lui remettre quelque chose en main propre...

(1) L'amour.

— Ça ne se peut pas , dit Paquita.

— En ce cas , il désire entretenir sa suivante.

— Je me sauve, dit Térésina en passant dans une autre pièce.

— Il veut m'entretenir , dit Paquita, ma foi ! risquons le paquet. Elle ouvre.

Entre don Juan mis comme un *fadard* (1). Tu t'appelles Paquita , ma belle enfant, je sais que tu aimes par goût à *faire la queue* au premier venu ; voyons un peu si tu me feras aller : j'aime ta maîtresse, il me la faut.

—Ça ne se peut pas, elle est retenue pour la première contredanse.

— Je le sais , elle est fiancée avec don Josès ; mais elle dansera avec moi.

— Impossible !

—Allons, ne fais pas la coriace, je te connais, et pour te le prouver : tu as fait ci à telle époque, tu as fait ça il y a peu de tems ; tu le vois, rien ne m'est caché. Et puis, sans se gêner, il lui met sa bourse dans la main , lui passe une chaîne d'or au cou, et lui enfile une *brocante* (2) dans *l'arpion* (3).

—Je vois que vous savez empaumer une femme , que dit Paquita.

— Mais oui , je m'en flatte, dit don Juan ; je vais faire un tour , je repasserai.

Térésina revient. Eh bien ! dit-elle, que voulait ce voleur de *palpitans* (4)?

—Vous parler et pas autre chose ; il s'appelle don Juan, c'est un beau brun qui ne me fait pas l'effet d'être manchot. Tenez, on revient, c'est lui... Elle ouvre, et dit : Ah ! c'est un coffre à votre adresse, à la *gironde* (5). Térésina ! peste, c'est galant ! Oh ! mademoiselle, regardez les beaux diamans !

— Il faut les renvoyer.

— Les renvoyer, et à qui ? il sera tems demain.

(1) Élégance. (2) Bague. (3) Doigt. (4) Cœurs. (5) Belle.

—Va te coucher, Paquita, et laisse-moi les diamans.

— Ça mord, dit Paquita en se retirant.

Quand Térésina est seule, elle se met devant son miroir, pour essayer les diamans. Le mauvais ange paraît : Tu n'es pas faite, lui dit-il, pour être la *cambrouse* (1) d'un don Josès, il faut te répandre dans la société.

Le bon ange survient, il parle; mais Térésina, qui est sous le charme des diamans qui sont ensorcelés, ne l'écoute pas ; elle écarte les bras et les jambes en appelant don Juan comme si elle avait besoin de quelque chose.

Le bon ange, voyant qu'il n'y a rien à frire pour lui, se retire ; le mauvais ange en fait autant en riant comme une porte qui n'est pas graissée.

Entre don Juan qui se met aux genoux de Térésina ; il lui promet plus de beurre que de pain, et l'entortille si bien, que si Paquita ne venait pas annoncer le retour de don Josès, je crois qu'il y aurait eu du gâchis.

Don Juan reste seul. Le bon et le mauvais ange viennent lui donner des conseils ; don Juan finit par envoyer le bon Dieu à tous les diables, et jure, en sortant, de n'en faire qu'à sa tête.

Térésina fait part à don Josès de tout ce qui lui est arrivé. Epouse-moi, lui dit-elle, ou je ne réponds plus de rien.

Don Josès, qui est un bon *zig* (2), le lui promet, et commande une messe de mariage. Va, lui dit-il, t'approprier un peu et je t'épouserai tout de suite.

Comme don Josès est seul, arrive don Juan, ils s'empoignent de bec tous deux, et don Josès tire *l'astic* (3) sur son frère.

—A moi, messieurs, dit don Juan, emparez-vous de ce bâtard, et qu'on lui inflige une correction pour lui apprendre à tirer l'épée sur son seigneur et maître. On entraîne don Josès, Térésina se trouve mal.

Don Juan emporte Térésina commme un paquet, et *s'esbigne* (4).

(1) Servante. (2) Bon enfant. (3) Épée. (4) Se sauver.

Don Josès revient en furie pour se venger , et trouvant les portes fermées , les fenêtres grillées, il appelle *glinet* (1) qui entre à travers la muraille.

— Que veux-tu? lui dit-il.

— Me venger de mon frère.

— Et que donnes-tu pour cela ?

— Toute ma vie éternelle.

— Ça me va ; et tous deux disparaissent.

REFLEXIONS.

BERTRAND.

Ah ça ! don Juan a donc un rossignol pour ouvrir les portes fermées ?

ROBERT MACAIRE.

Eh ! non , c'est un pouvoir qui lui vient du diable.

BERTRAND.

A-t-il de la chance ce *grinche* (2) là!.. Ah ! pourquoi l'affiche porte-t-elle le nom de Mlle Georges ? je ne l'ai pas vue jouer.

ROBERT MACAIRE.

Si, elle joue , c'est elle qui fait Paquita.

BERTRAND.

Mlle Georges ?

ROBERT MACAIRE.

Oui , la cadette.

BERTRAND.

C'est différent , si elles sont deux ; j'aime mieux l'aînée, moi.

ROBERT MACAIRE.

Chacun son goût ; mais Bocage ne s'est pas senti la force de faire le don Juan avec l'aînée.

BERTRAND.

Eh bien ! moi, je ne suis pas de son avis...

ROBERT MACAIRE.

Taisez-vous , Bertrand! vous raisonnez comme un matérialiste.

(1) Le diable. (2) Voleur.

TROISIÈME TABLEAU.

Nous sommes en paradis ! plus que ça de monnaie; vous voyez des anges roses , bleus, blancs : c'est un paradis tricolore.

Le bon ange saint Michel se tient comme un sournois sur un nuage particulier, et prie la Vierge Marie.

— Vierge Marie, lui dit-il, je n'ose pas faire savoir au maître que don Juan est devenu un véritable chenapan, qu'il commet, dans le moment où je vous parle, des horreurs, des infamies, des abominations ; si le maître apprend cela, il m'habillera de taffetas pour quarante sous, et cependant je m'intéresse à ce mortel , moi, je voudrais ne pas l'abandonner ; et, comme je ne peux pas aller et venir dans les rues d'Espagne avec des ailes , car ce serait gênant, et puis ce n'est pas la mode, je viens vous prier de vouloir bien me déplumer et faire de moi un simple mortel.

La Vierge lui répond : Ange, pourquoi vouloir nous quitter? pourquoi vouloir abandonner le ciel qui est toujours chaud , pour aller barbotter sur une terre humide et boueuse, où tu attraperas des rhumes de cerveau, des engelures, et autres infirmités terrestres?

—C'est égal, qu'il dit, c'est plus fort que moi; j'ai envie de voir du pays, et de faire mon tour de France en Espagne.

— Tu l'exiges, que dit la Vierge; je cède à tes vœux.

Saint Michel perd ses ailes et son auréole.

RÉFLEXIONS.

BERTRAND.

J'ai toujours entendu dire et chanter :

C'est l'père éternel
Qui sait tout,
Qui voit tout,
Entend tout,
Est partout.

Et cependant, tout se fait à son nez, à sa barbe, sans qu'il s'en doute !

ROBERT MACAIRE.

Tu te trompes dans ta citation ; mais ton observation n'en est pas moins exacte. Je poursuis.

QUATRIÈME TABLEAU.

Du paradis nous passons dans une taverne où se trouvent trois cancaniers, qui font aller leur *menteuse* (1) sur tout le monde.

Vient un marquis de Sandoval, qui retient une place, et qui s'en va.

Arrive don Juan, qui leur débite une craque, sans se faire connaître, et qui leur dit : Un jour que don Juan était à flâner sur la rive droite d'un fleuve, il aperçut quelqu'un qui se promenait en fumant sur la rive gauche. Don Juan tira un cigare de sa poche ; et, voulant fumer, il appela le *gonze* (2), et lui ordonna de venir allumer son cigare. Le promeneur de la rive gauche, ne voulant pas faire le tour, allongea le bras et tendit la main ; et le bras s'allongea de telle sorte, que, malgré la largeur du fleuve, don Juan eut du feu.

Les autres le regardent, avalent la couleuvre ; et don Juan va s'asseoir à la place marquée par Sandoval.

On dit à don Juan que la place est retenue.

— Qu'est-ce que ça me fait, à moi ? qu'il répond.

Arrive Sandoval, espèce de gringalet, qui fait *son es-brouffe* (3) ; il dit à don Juan : Nous allons nous couper la gorge ; mais d'abord nous allons faire une partie.

On apporte des *maturbes* (4) ; Sandoval perd sa *pelotte* (5), ses diamans et son château. Don Juan demande des *brêmes* (6) ; Sandoval joue et perd sa maîtresse.

Quand Sandoval *est le bœuf* (7), il écrit à sa maîtresse : Je vous ai jouée, je vous ai perdue ; vous appartenez mainte-

(1) Langue. (2) Dûpe. (3) Air effrayant. (4) Dés à jouer. (5) Bourse
(6) Cartes. (7) Perdre au jeu.

nant au seigneur don Juan : j'espère que vous ferez honneur à ma signature.

C'est bien, dit don Juan, je vous rends votre bourse, vos diamans et votre château; je garde votre maitresse.

Je vous préviens, seigneur don Juan, dit Sandoval, qu'Inès est une Espagnole qui porte toujours du poison à sa ceinture, et un poignard à sa jarretière : prenez vos précautions. Puis, se retournant vers les trois flâneurs qui sont là : Je vous donne, leur dit-il, ma bourse, mes diamans, mon château; je n'ai plus besoin de rien, parce que je veux me faire tuer par le seigneur don Juan.

— Je n'ai rien à vous refuser, dit don Juan : je suis à vos ordres, quand vous voudrez.

Je m'en vais faire un tour au Prado, et je reviens.

— Quand il vous plaira.

Don Juan reste seul. Arrive Inès, la maîtresse de Sandoval.

Vous savez lire, que dit don Juan : voilà une *babillarde* (1) à votre adresse.

— Comment! il serait possible? dit-elle; mais je suis une femme perdue !

Pas de mauvais calembourg, que dit don Juan; je vous ai gagnée, c'est vrai, vous êtes à moi : il faut m'aimer, et plus vite que ça; parce que je n'aime pas que ça traîne en longueur.

Je suis de votre avis, dit Inès; mais à une petite condition, c'est qu'il faut me tuer Sandoval.

N'est-ce que cela? dit don Juan; ça ne pesera pas une once. Je vais l'amener sous la fenêtre du *bocson* (2), afin que vous ayez le plaisir de le voir *refroidir* (3).

Inès demande des glaces, des sorbets.

On entend don Juan et Sandoval qui ferraillent pendant qu'Inès verse du poison dans la boisson.

Don Juan vient réclamer ses droits.

(1) Lettre. (2) Cabaret. (3) Tuer.

Un instant! dit Inès, je fais une visite au cadavre, et je
suis à votre discrétion.

Inès rentre. Elle verse à boire à don Juan ; mais lui, plus
fin qu'elle, lui dit : J'ai l'habitude de ne boire qu'après ma
maîtresse. Inès ne se le fait pas répéter ; elle boit : A vous!
lui dit-elle.

—Tout beau, ma charmante! on ne m'enfonce pas comme ça;
c'est moi qui enfonce les autres : je ne trinque pas avec vous.
Inès veut se lever ; ses forces l'abandonnent.

— Vos commissions pour l'autre monde? que lui dit don
Juan en faisant le poil à son chapeau.

— Allez trouver ma sœur, qui est religieuse, et faites-lui
mes complimens. *Elle meurt.*

— Une religieuse? que dit don Juan, farineux! il faut que
je lui prenne mesure de quelque chose, à cette béguine-là.

REFLEXIONS.

BERTRAND.

Est-ce que tu trouves que ça a le sens commun, le conte des cigares?

ROBERT MACAIRE.

Qui te dit que cela ressemble à quelque chose?

BERTRAND.

Et puis, ce petit Sandoval qui, au lieu de dire : Battons-nous, nous nous expliquerons après, se met à jouer..... Ah ! encore une chose : c'est donc la mode en Espagne que les femmes portent des poignards entre les jambes? ça doit les blesser.

ROBERT MACAIRE.

Elles ont une gaîne, sans doute.

BERTRAND.

Ah ! si elles ont une gaîne entre les jambes, c'est différent ; je n'ai plus rien à dire... Avec tout ça , ce don Juan, qui fait l'enfonceur, n'enfonce seulement pas la chatte.

ROBERT MACAIRE.

Eh bien! Bertrand, et la morale?...

BERTRAND.

La morale, celle qui fait le rôle d'Inès, il l'enfonce pas du tout, je l'aurais bien vu.

ROBERT MACAIRE.

Tu confonds, animal! je parle de la morale, et non de la Morales qui prend un *s.*

BERTRAND.

C'est égal, il est là qui fait la roue auprès des femmes ; et puis, quand ça vient au fait et au prendre, votre serviteur de tout mon cœur : relâche par indisposition.....

ROBERT MACAIRE.

Je continue.

CINQUIÈME TABLEAU.

Le mauvais ange amène don Josès dans une mine d'argent, par un souterrain qui est noir comme un four. —Maître, que dit Satan à don Josès, vous êtes dans une mine d'argent que personne ne connaît. —Tu veux me séduire avec ta mine, *trime* (1). Satan descend. —Pardon, qu'il ajoute ; mais voici un filon de l'or le plus pur. — Ton or ne me tente pas plus que ta *bille* (2). *Trimarde* (3). Satan descend.—Ah ! maître, dussiez-vous vous fâcher, vous remarquerez ce diamant, il est de la plus belle eau : cassez-le en trois, et vous pourrez, avec chacun de ces morceaux, faire cornards François Ier, Charles-Quint et le pape. — Tu veux me faire la *frétillante* (4) ; mais je t'avertis que ça ne prendra pas. *Trimanche* (5) ou sinon...

Nous y voilà. — Où est le tombeau ? Dans la pièce à côté. — Et la porte ? La voici.

Le mur s'écroule, et don Josès entre dans une pièce où il y a une veilleuse.

Père, que dit don Josès à la statue de Marana qui est tranquillement couchée sur son tombeau, je vous demande bien pardon si je vous dérange, mais j'ai besoin de votre signature ; seriez-vous assez bon pour me mettre sur ce papier votre pataraffe, voici une plume, de l'encre et du parchemin.

Ce bon père Marana, qui est bien la meilleure pâte d'homme qui soit au monde, se met tout doucement sur son séant et signe sans y voir.

Merci, père, dit don Josès en se *décarant* (6) par la mine et le souterrain noir.

— Maître, où allez-vous comme ça ? dit Satan.

A mes affaires. Tu peux rester, je n'ai plus besoin de toi.

— C'est possible, que dit Satan ; mais j'ai besoin de vous, moi. Et il court après lui.

---

(1) Marche. (2) Argent. (3) Marche. (4) Queue. (5) Marche. (6) Sauvant.

REFLEXIONS.

BERTRAND.

Je trouve que ce décor n'a pas le sens commun , parce que le souterrain , qui est au-dessus du caveau et de la mine, est noir à ne s'y pas voir le bout du *pifre* (1).

ROBERT MACAIRE.

Oui, après ?...

BERTRAND.

Le caveau est éclairé par une lampe, sans quoi il y ferait noir aussi. Pourquoi que la mine d'argent brille comme si elle était en plein soleil?

ROBERT MACAIRE.

Messieurs, Bertrand a raison.

BERTRAND.

Pourquoi donc aussi que *glinet* (2), qui abat la muraille , ne la reconstruit pas avant de s'en aller? il évente la mine.

ROBERT MACAIRE.

De plus en plus juste, messieurs !

Le bon sens du maraud quelquefois m'épouvante.

Je passe au sixième tableau , redoublez d'attention.

(1) Nez. (2) Le diable.

SIXIÈME TABLEAU.

De cette fois nous sommes dans un couvent de religieuses, elles sont à genoux dans *l'entisse* (1) et prient. Arrive don Juan qui demande à un moine, qui se trouve là tout exprès, laquelle de toutes ces béguines est la sœur Marthe.

Le moine la lui indique, il va se mettre à genoux à côté d'elle. Vous croyez peut-être qu'il va prier ? pas du tout ! il lui dit : Votre sœur dona Inès, qui est morte, m'a dit à ses derniers momens : Don Juan, mon bon ami, vous qui êtes religieux, je vous charge de voir ma sœur, et de la décider à quitter son couvent où elle doit s'embèter, et à vivre dans le monde. Je vous la confie, don Juan, et je compte sur vous pour la faire jouir de l'existence. Obéirez-vous, Marthe ? ce sont les dernières volontés de votre sœur.

—Ça ne se peut pas, que dit Marthe, mes vœux sont prononcés, je suis l'épouse du Seigneur.

—Vous demanderez à divorcer, et le pape, qui est de mes amis, vous l'accordera ; car, s'il faut vous dire toute la vérité, vous êtes la femme de tous mes rêves, et j'ai déjà couché bien des fois avec vous sans que vous vous en soyez jamais douté.

—Et moi, que dit Marthe, votre *baigneuse* (2) ne m'est pas étrangère, j'ai vu certainement votre *balle* (3) quelque part.

—C'est possible, que dit don Juan, j'ai déjà tant *roulé* (4)! Eh bien ! c'est convenu, nous allons *harper le taillis* (5).

—Comment, moi, me sauver avec un inconnu, un amant?

—Non, que dit don Juan en lui mettant une *brocante* (6) au doigt, avec un époux. Il a des bagues dans toutes ses poches, ce gaillard-là, ça doit être une bonne pratique pour un bijoutier.

(1) Église. (2 et 3) Tête. (4) Voyagé. (5) S'enfuir. (6) Bague.

(23)

— Je vais faire un petit tour auprès des sœurs, et je suis à vous dans une minute , dit Marthe.

— Quand il s'agit de se mettre en voyage, les femmes ont toujours leur petit tour à faire, c'est d'usage, dit don Juan... Ma foi, ajoute-t-il, celle-là n'a pas été difficile à *empaumer* (1). J'en suis fâché, belle Inès , je n'ai pas fait votre commission ; mais le peu que j'ai vu de votre sœur Marthe me donne à penser que le reste doit être croustillant, et j'en veux tâter , vous m'entendez, Inès ?

—Oui , répond une voix.

—Si je connaissais l'insolent qui se permet de me faire aller, je lui enlèverais le *ballon* (8).

— C'est moi, dit la statue d'Inès qui est tout debout auprès d'un pilier.

Don Juan se rend auprès d'elle, la statue l'empoigne par les *douilles* (9) et l'empêche de *jaspiner* (10).

Alors sortent de dessous terre cinq à six fantômes avec des cierges. Don Juan m'a tué , qu'ils disent à tour de rôle, *vengeance ;* au milieu de ces fantômes est le père Marana qui traîne partout son tombeau avec lui , le pauvre cher homme , il se leve encore une fois pour demander *miséricorde*. Du haut de l'église parait un ange attaché avec des ficelles qui dit : *Justice sera faite* si don Juan ne se repent pas.

Le tombeau, les fantômes et les chandelles des six rentrent en terre ; Inès lâche don Juan qui tombe sans connaissance.

Marthe arrive en courant. Me voilà , qu'elle dit. Elle aperçoit son amoureux qui est tout de son long à terre, elle le remue et le tâte en tous sens. Don Juan revient à lui.

C'est bien heureux, que dit Marthe, ce n'a pas été sans peine. Allons, debout et en route !

— Il faut mourir, ma sœur, que dit don Juan, je suis frère de la trappe.

— C'est une mauvaise niche que vous me faites, dit Marthe. Le rideau tombe.

(1) Séduire. (2) Derrière. (3) Cheveux. (4) Parler.

REFLEXIONS.

BERTRAND.

J'ai traîné mes guêtres en Espagne où j'ai travaillé, et de mon tems les couvens n'étaient pas ouverts comme ça.

ROBERT MACAIRE.

C'est que tu n'avais pas fait de pacte avec le diable.

BERTRAND.

C'est juste; mais faut convenir que ce pauvre père Marana a du tintouin : c'est son aîné qui le réveille du sommeil éternel pour lui demander une signature, c'est son cadet qui le tourmente. Voilà un corps bien dérangé !

ROBERT MACAIRE.

Messieurs, Bertrand à lui tout seul a plus d'esprit que les dix tableaux de M. Alexandre Dumas.

SEPTIÈME TABLEAU.

D'un couvent de femmes, nous passons dans un couvent d'hommes. Don Juan s'est fait trappiste; vous le voyez occupé à faire son trou. Vient un frère de la Trappe qui lui dit : Où diable étiez-vous cette nuit? je vous ai cherché partout sans vous trouver.

— J'étais ici, que répond don Juan, occupé à bêcher.

—Comment, par le tems qu'il faisait ! vous n'aviez pas de *landau à baleines* ? (1)

— Non.

—Cependant, il a *lansquiné* (2) toute la nuit.

— Je ne m'en suis pas aperçu; l'orage de mon cœur était plus fort que celui des élémens.

— Pour que Dieu nous éclaire, mon frère, il ne faut pas tonner contre lui. — Après ce mauvais calembourg, le moine s'en va; arrive la sœur Marthe qui est folle d'amour pour don Juan.

Elle quitte son couvent, avec une chemise sur le corps, et se promène, toute débraillée, par les rues d'Espagne; elle entre par hasard chez les Trappistes : elle parle de sa sœur, de Dieu, du diabe, de don Juan; elle rit, elle chante, elle pleure; elle dit qu'elle a chaud, qu'elle a froid, enfin elle ne sait pas ce qu'elle dit, et s'en va en chantant la messe.

Je suis un grand pendard, que dit don Juan, et j'ai bien fait de tomber dans la Trappe. Au moins ici je peux faire

(1) Parapluie. (2) Plu.

mon petit bonhomme de chemin, tout en creusant mon trou. Ce n'est pas amusant, mais ça distrait.

Le diable, qui ne demande que plaies et bosses, amène don Josès, et le met en présence de don Juan.

—Me reconnais-tu? que dit don Josès.

— Oui, frère, comment ça va-t'il?

—Il ne s'agit pas de cela ; reconnais-tu cette signature? lui dit-il, en lui montrant le papier commencé par le père Marana, à son lit de mort, et terminé à son tombeau?

— C'est la signature de notre père.

— Je ne suis donc plus un bâtard?

—Non ; vous êtes mon seigneur et maître, et je suis prêt à vous obéir ; ordonnez.

— Nous avons, mon fiston, un écheveau à débrouiller ensemble, et j'ai apporté avec moi des aiguilles à tricoter, que voilà. Il jette deux *flambes* (1) à terre.

— Je ne me bats pas, que dit don Juan.

— Tu te battras, ou tu es un lâche.

—Ah! mon Dieu! dit don Juan, donnez-moi la force d'a voir la faiblesse de me laisser insulter.

— Tu es un Jean-fesse, que dit donc Josès.

— Un Jean....

— Fesse.

—Je sens bien, oh! mon Dieu! permettez que je reste en odeur de sainteté!

—Tiens, que lui dit don Josès en lui donnant une *giroflée à cinq feuilles*, (2) voilà pour toi.

—Une calotte! dit don Juan, en sautant sur les épées ; en avant!.. à toi, à moi la paille de fer! Ils se battent.

Don Josès tombe mort, et maudit don Juan.

Don Juan prend les hardes de son frère, et se sauve comme s'il avait le diable à ses trousses. Il a tort : car le diable s'en va d'un autre côté.

____

(1) Épées. (2) Soufflet.

RÉFLEXIONS.

BERTRAND.

C'est égal, la petite Marthe joue comme un ange.

ROBERT MACAIRE.

Je le crois bien, puisque c'est elle qui était saint Michel.

BERTRAND.

C'est elle ?

ROBERT MACAIRE.

Eh oui !

BERTRAND.

Tu ne diras pas maintenant qu'elle n'a plus de sexe, car elle en a un qui est un peu soigné. Je ne m'étonne plus si là haut elle était mal à l'aise : son sexe devait la gêner, l'embarrasser avec tous ces sans-sexe.

ROBERT MACAIRE.

Tu bats la breloque : là haut, elle était un ange ; en bas, elle est devenue femme.

BERTRAND.

Alors d'où lui vient son sexe ?

ROBERT MACAIRE.

De son ouverture à la vierge ; conçois-tu ?

BERTRAND.

Non.

ROBERT-MACAIRE.

C'est égal ; continuons.

HUITIÈME TABLEAU.

Marthe est couchée; elle est dans sa chambre; elle *pionce* (1) sur son *pieu* (2). Dans la ruelle se tient un ange de seconde qualité, qui dit à Marthe : Le Seigneur, touché de tes souffrances, te rend la raison.

Il disparaît, Marthe s'éveille.

Voulez-vous prendre ou rendre quelque chose? que lui dit une religieuse.

— Non, merci, que dit Marthe.

On entend psalmodier du dehors.

Que chantent-elles? dit Marthe.

—Les prières pour les agonisans.

— Et pour qui?

— Pour vous, je vais les prier de taire leur bec.

— Non, laissez-les, ça les amuse; faites-moi venir un confesseur.

Arrive le doyen des trappistes.

Ah! c'est vous, mon père, que lui dit Marthe, qui est toujours débraillée, j'en ai un paquet sur la poitrine, allez!

— Je le vois bien, dit le moine, je n'ai pas mes yeux dans ma poche.

—Le cloître! mon père, me pèse! je ressens en moi un vide que l'amour seul peut combler!

—Que dites-vous, ma fille? vos discours n'ont ni tête ni queue.

(1) Dort. (2) Lit.

— Positivement, j'aime d'amour un mortel qui est dans votre couven.

— Ah! ah! son nom ?...

— Juan de Marana...

— Lui ?.. Ignorez-vous qu'il a tué son frère? qu'il a pris de la poudre d'escampette? qu'il est maudit du Seigneur, et que sa place est retenue en enfer?

Marthe qui s'en fiche comme de colin-tampon, ajoute : Est-il vrai, mon père, que les mauvais se retrouveront en enfer et les bons en paradis?

— Oui, ma sœur.

— En ce cas, je veux être damnée avec lui.

— Le moine l'abandonne et sort comme un furieux.

Marthe fait le saut de carpe dans son lit, elle s'agite comme une sauteuse (1) en liberté Mille ans de la vie éternelle! dit-elle, pour un jour et une nuit passés avec don Juan! ça me va, dit Satan, qui sort la tête de dessous le lit comme un vase de nuit.

Il n'y a que Dieu ou le diable qui puissent faire droit à ma prière; qui es-tu?

— Qu'est-ce que cela te fait, si je tiens à ma parole?

— Allons, c'est conclu, dit Marthe.

— Un instant! dit Satan, signe-moi cette obligation.

— Quelle bêtise!

— C'est possible, mais je tiens à être en mesure avec les femmes.

Satan lui donne un papier noir, lui pique le bras avec une plume métallique.

Aie! que fait Marthe?

— Ce n'est rien, dit Satan, avec don Juan t'en verras bien d'autres.

Satan s'en va, en disant : A mon tour, mon bon ange, je vous tiens...

(1) Puce.

Arrive don Juan qui se dit envoyé par le chef de son ordre ; il est introduit, et puis on le laisse seul. Il s'avance près du lit, écarte les *douilles savonnés* (1) de la jeune fille, et reconnaît Marthe. C'est elle! qu'il dit, elle est froide! c'est le moment de la chauffer. Marthe, c'est moi, don Juan de Marana, moi ton amant ; ouvre les yeux, parle.

Marthe, qui n'a rien à lui refuser, quoique morte, ouvre les yeux et parle.

Ce n'est pas le moment de bavarder, dit don Juan, il faut agir.

— Qu'allez-vous me faire? dit Marthe.

— T'enlever.

— Et puis, après ?...

— Et puis après, nous verrons. Il appelle son domestique par la fenêtre et lui demande son échelle de cordes ; il paraît qu'il ne marche pas sans ça. *La crosse* sonne.

— Entendez-vous? dit Marthe, minuit. C'est l'heure de *decampaverunt*; et ils s'en vont par la fenêtre.

RÉFEXIONS.

BERTRAND.

J'en reviens à ce que j'ai dit, les couvens ne sont pas des places publiques où tout le monde va se promener. Dis-moi, Robert, pourquoi Marthe appelle-t-elle le moine mon père et que lui l'appelle ma sœur? est-ce qu'il serait le père de sa sœur ?

ROBERT MACAIRE.

Ça serait du propre et du gentil! il ne manquerait plus que ça : les moines disent ma sœur aux religieuses et les religieuses disent mon père aux moines.

BERTRAND.

Dam ! il y en a tant et de toutes les couleurs, que une de plus ça ne m'étonnerait pas... Voyons le neuvième tableau.

______

(1) Cheveux blonds.

NEUVIÈME TABLEAU.

Don Juan et Marthe arrivent dans un vieux château aban-
donné ; ils sont venus tous deux sur le même cheval, qui a
parcouru deux cents lieues tou td'une haleine en vingt heures :
allez donc lui disputer la course à celui-là.

Don Juan, qui est toujours en trappiste, appelle du monde
pour se changer. Ni vu ni connu : personne ne paraît.

Marthe fait un geste. Crac ! il vient six personnes, trois
hommes et trois femmes !

Don Juan suit les hommes, Marthe les femmes.

Satan, qui est l'allumeur de réverbères du pays, à ce qu'il
paraît, illumine le château; après quoi, il appelle tous les
cadavres des environs pour donner une fête à don Juan.

Les morts ne se le font pas répéter ; ils arrivent avec des
costumes de bal.

Don Juan revient éblouissant de toilette : Ah! ah! des
femmes! dit-il ; et, sans s'embarrasser d'où elles viennent,
il tombe dessus, et leur fait la cour à sa manière.

Elles se démasquent. Don Juan reconnaît ses anciennes
maîtresses; il veut courir après : votre serviteur! L'une s'en
va au milieu des flammes, l'autre fuit en traîneau roulant,
celle-ci s'abîme par un trappe, celle-là s'envole.

Paraît Sandoval, qui lui dit : Arrête, don Juan! tu n'iras
pas plus loin : il n'est plus tems de faire des fredaines.

— Et qui m'en empêcherait ?

— Moi.

—Toi! roquet? c'est ce que nous allons voir. Et don Juan
dégaîne.

—Dieu te donne une heure pour te repentir, dit Sandoval.

— Eh bien, je ne suis pas si généreux que ça, dit don Juan :
je donne cinq minutes à Dieu pour me foudroyer, s'il le peut.

Marthe paraît, pâle comme un morte ; elle s'assied sur un
canapé noir, qui pousse de terre plus vite qu'un champignon.

Tout ce que tu as vu, lui dit-elle, doit te donner à ré-
fléchir, si tu as du cœur.

J'ai du cœur et autre chose, et je vais te le faire voir, dit
don Juan. — Un instant! don Juan, dit Marthe, il fait nuit.

—Justement, c'est dans ces momens-là que je me montre.

DIXIÈME TABLEAU.

Tout le théâtre est couvert de nuages couleur de suie, éclipse de *luizarde* et de *luisant* ; nuit totale.

Marthe invite don Juan à se repentir et à demander pardon à Dieu.

Moi ? prends garde de le perdre : jamais ! dit-il.

L'heure sonne. Entends-tu ? dit Marthe en s'allongeant sur le canapé noir.

C'est minuit, c'est l'heure des amours, dit don Juan qui veut s'allonger avec Marthe.

A nous deux ! dit Sandoval qui paraît avec une épée flamboyante à la main : je viens, par ordre supérieur, pour te couper la *musette.*

Tu ne couperas rien, dit don Juan en se mettant en garde.

Don Juan est blessé mortellement par Sandoval, qui s'en va.

M, ma, mal, malé, maléd, malédi, malédic, malédict, malédicti, malédictio, dit don Juan qui meurt, et tombe roide côté de Marthe, qui a tourné de l'œil, sans pouvoir prononcer le mot malédiction.

Vengeance ! dit le mauvais ange.

Miséricorde ! dit un bon ange.

Justice ! dit un autre ange ; et c'est fini. Maintenant, voici mes observations sur l'ensemble de ce drame et sur le jeu des acteurs :

RÉFLEXIONS.

Molière, qui , tout niaisement, n'avait que du génie, crut pouvoir mettre l'impie à la scène ; il fit *Don Juan*, pièce que l'on jouerait encore, si le Théâtre-Français avait des acteurs en état de concevoir et de rendre cette œuvre sublime.

Thomas Corneille, duquel on ne saurait contester l'esprit, versifia cette pièce. Sa témérité, car c'en était une, fut couronnée du succès ; mais, respectant l'œuvre du maître, il suivit pas à pas cette belle conception, et ce ne fut qu'en tremblant qu'il hasarda un ou deux personnages épisodiques.

La prose de Molière, lui qui n'avait pas jugé à propos de versifier *Don Juan*, est-elle supérieure aux vers de Corneille; et le chef-d'œuvre, en passant des mains de Molière dans celles de Thomas, a-t-il perdu ou gagné ? J'abandonne cette question pour ne m'occuper que de M. Alexandre Dumas.

M. Alexandre Dumas croit, sans doute, que le succès justifie tout ; et , si *Henri III*, *Antoni*, d'*Arlington*, *Angèle*, la *Tour de Nesle* ont réussi, il aurait tort d'en conclure que ces pièces sont irréprochables : elles ne sont pas sans mérite, toutefois ; mais on y chercherait en vain une lueur de génie ; on y rencontre de temps à autre de l'esprit ; ce qu'on y trouve avec profusion, c'est du savoir-faire, du métier en un mot ; et c'est avec du métier qu'on vient s'adresser à Molière, c'est avec du métier qu'on ose lutter avec un tel athlète ! Décidément, M. Dumas est encore plus insensé que son dernier drame, ce qui n'est pas peu dire.

Et quel drame ! grand Dieu ! Dix tableaux qui se choquent entre eux, et qui disputent d'invraisemblance et de dévergondage. C'est *fantastique*, dira-t-on, c'est la nouvelle école ! Eh bien! dussé-je être appelé *perruque*, *rococo*, mon avis est qu'il faut renvoyer la nouvelle école à l'ancienne école, et lui remettre en main une Civilité puérile et honnête. Il vous étonne de m'entendre parler ainsi, je le conçois ; mais vous saurez que moi, Robert Macaire, tout Robert Macaire que je sois, je rougirais de penser ce que, effrontément, M. Alexandre Dumas fait débiter en plein théâtre, d'où je conclus.....

BERTRAND.
.... D'où je conclus, le diable m'emporte , et Dieu me pardonne ! que Satan fait la queue au Père éternel.

Don Juan de Marana.   3

ROBERT MACAIRE.

Voilà, messieurs, la morale de la pièce. Passons au jeu des acteurs.

Bocage a toujours été pour moi un télégraphe : je le vois agir, se démener, mais je ne suis pas dans la confidence de sa pantomime, je n'y comprends rien ; c'est un acteur qui a beaucoup perdu depuis qu'on ne peut plus lui chanter :

> Bocage, que *Dorval*
> Embellit de ses pleurs.

Delafosse fait tout ce qu'il peut d'un pauvre rôle ; on ne saurait raisonnab'ement lui en vouloir.

Chilly est un don Juan en miniature. On a eu tort de le mettre en contact avec Bocage : quand ils combattent, on croirait voir le plus petit des tapins d'un régiment chercher querelle au tambour-major.

Mélingue sent bien son rôle ; il peut, avec Mlle Ida, revendiquer la plus grande partie des bravos; tous deux seulement en sont dignes.

Mlle Adolphe pousse la réalité trop loin, surtout dans la scène des bijoux : l'auteur a prétendu qu'il resterait quelque chose à faire à don Juan.

Mlle Moralès n'a qu'un mauvais rôle, j'en conviens; ce n'était pas une raison pour ne pas valoir mieux que lui.

Mlle Georges, cadette, prend de l'effronterie pour de la coquetterie ; elle est à côté de son rôle : ce n'est pas en montrant sa jambe jusqu'au genou qu'on fait preuve de talent; on ne justifie que d'une jambe bien faite, et voilà tout.

FIN.